설민석의
역사 고민 상담소

설민석의 역사 고민 상담소 ❶
한국사의 시작, 선사 시대

글 설민석, 서지원 | **그림** 조병주 | **감수** 단꿈 연구소
찍은날 2020년 11월 11일 초판 1쇄 | **펴낸날** 2020년 11월 19일 초판 1쇄
펴낸이 김영진 | **대표이사** 신광수 | **본부장** 강윤구 | **개발실장** 위귀영 | **사업실장** 백주현
개발팀장 박재영 | **기획편집** 서정희, 백한별, 김지예, 양지정 | **디자인** 김리안
아동마케팅팀장 박충열 | **아동마케팅** 김세라, 민현기, 정재성, 강륜아, 김보경, 이강원, 허성배, 정슬기, 설유상, 정재욱
출판기획팀장 이병욱 | **출판기획** 이주연, 이형배, 김마이, 이기준, 전효정, 이우성, 이아람
펴낸곳 (주)미래엔 | **등록** 1950년 11월 1일 제16-67호
주소 서울특별시 서초구 신반포로 321 | **전화** 미래엔 고객센터 1800-8890 팩스 541-8249
홈페이지 주소 www.mirae-n.com

ISBN 979-11-6413-689-6 74910
ISBN 979-11-6413-690-2 (세트)

ⓒ Dankkumi Corp.

본 상품은 주식회사 단꿈아이와의 상품화 계약에 의거 제작, 생산되오니 무단 복제 및 전재 시 법의 처벌을 받습니다.
파본은 구입처에서 교환해 드리며, 관련 법령에 따라 환불해 드립니다. 다만, 제품 훼손 시 환불이 불가능합니다.
책값은 뒤표지에 있습니다.

설민석의
역사 고민 상담소 ❶

글 설민석, 서지원 | 그림 조병주
감수 단꿈 연구소

Mirae N 아이세움

들어가는 말

안녕하세요? 여러분의 역사 선생님, 설민석이에요.

한국사에 대한 여러분의 크나큰 사랑 덕분에, 선생님은 지난 20년간 책, 방송, 강연 그리고 유튜브를 통해 우리 대한민국의 역사를 널리 알리는 데 힘써 왔어요.

그런데 늘 마음 한편이 허전했답니다. '역사적 지식과 교훈을 전달하는 데 그치지 않고, 어린이들에게 실질적으로 도움이 되는 책을 만들 수는 없을까?' 하는 고민 때문에요.

그래서 이번에 새롭고 재미난 한국사 이야기로 여러분을 찾아왔어요. 〈설민석의 역사 고민 상담소〉 시리즈는 역사 속 인물과 사건에 얽힌 이야기로 여러분의 고민을 말끔히 해결해 줄 거예요.

'역사는 현재를 비추는 거울'이라는 말이 있어요. 역사를 통해 우리 조상들의 지혜를 배우면, 현재 우리가 마주친 문제의 답을 찾을 수 있거든요. 온달, 평강, 로빈, 그리고 역사 고민 상담소의 소장님인 설쌤과 함께 여러분의 고민을 시원하게 해결하고, 역사 상식도 쏙쏙 담아 가는 알찬 시간이 되길 바라요.

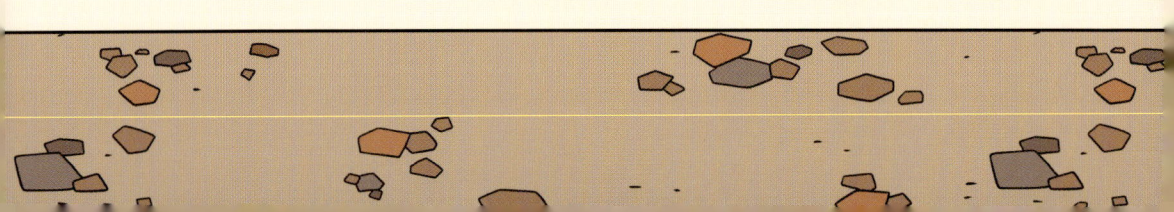

부담 없이 역사 공부를 시작하고 싶은 어린이, 한국사의 흐름을 쭉 한번 짚어 보고 싶은 어린이, 재미있는 이야기로 스트레스를 풀고 싶은 어린이라면, 〈설민석의 역사 고민 상담소〉로 놀러 오세요! 데굴데굴 구르고 깔깔 웃으며 책장을 넘겼을 뿐인데, 우리나라 역사의 흐름과 굵직한 사건들이 자연스레 습득되는 신기한 경험을 하게 될 것입니다.

자, 이제 역사 고민 상담소의 문을 똑똑 두드려 볼까요?

— 설민석 드림

청동기 시대

세 번째 고민 ········ 86
내가 반장이 될 수 있을까?

한 번에 정리해요 ········ 126
읽은 내용 되짚어 보기

그동안 무슨 일이 일어났을까? ········ 130
세계사와 함께 보는 한국사 연표

이 책을 만든 사람들 ········ 132

정답 ········ 134

등장 인물

설쌤

역사 고민 상담소의 소장님이에요.
어떤 고민이든 역사 속 이야기를
통해 해결할 수 있다고 믿는 역사
'덕후'입니다.

로빈

설쌤의 사랑과 믿음을 듬뿍
받는 수석 조수로, 손님 응대를
담당하고 있어요. 무척 영리해서
사람이 아닐까 의심스러울 때도
있어요.

평강

고구려에서 온 공주이자, 설쌤의 조수입니다. 똑 부러지는 성격으로, 설쌤의 역사 고민 상담소에서 홍보를 담당하고 있어요.

온달

딱히 맡은 역할은 없지만, 설쌤의 역사 고민 상담소에 없어서는 안 될 존재예요. 종종 평강이와 티격태격하지만, 거기에는 말 못 할 비밀이 있어요.

복잡한 시내 한가운데, 유독 오래된 건물이 서 있어요. 간판도 너무 낡아 떨어지기 일보 직전이에요.

해찬이는 터덜터덜 거리를 걸었어요. 사람들이 북적북적 지나갔지만, 해찬이의 눈에는 하나도 들어오지 않았어요. 황량한 황무지에 홀로 서 있는 기분이었어요. 왜냐고요? 해찬이에게 아주 심각한 고민이 있었거든요.

'휘이잉' 바람이 불자 전단지 한 장이 해찬이의 발밑에 떨어졌어요. 해찬이는 전단지를 주워 유심히 들여다보았어요.

"설쌤의 역사 고민 상담소?"

전단지에는 세 사람과 강아지 한 마리가 나온 요란한 사진과 함께 약도가 그려져 있었어요.

해찬이는 혹시나 하는 마음으로 전단지에 그려진 약도를 따라 발걸음을 옮겼어요. 이곳은 정말 어떤 고민이든 말끔히 해결해 줄까요? 아무한테도 말하지 못한 해찬이의 고민도요?

해찬이는 잠시 머뭇거리다가 실수로 초인종을 눌렀어요.

환영하네! 나는 역사 고민 상담소장 설쌤. 그리고 그 친구들은 평강과 온달, 로빈이라고 하네.

잠시 후, 문이 삐걱 열리더니 작은 강아지 한 마리가 졸랑졸랑 나타났어요. 문이 열린 틈으로 후다닥 상담소 안을 정리하는 두 아이도 보였어요.

해찬이가 문 앞에서 우물쭈물 말했어요.

"안, 안녕하세요. 여기가 역사 고민 상담소 맞나요?"

청소를 하던 두 아이는 해찬이를 상담소 안으로 안내한 뒤, 따뜻한 코코아와 달콤한 쿠키까지 내주었어요.

"정말 어떤 고민이든 다 해결해 주나요?"

"역사 이야기를 통하면 뭐든지 해결할 수 있지."

설쌤의 인자한 대답에 해찬이는 문득 궁금해졌어요.

"저, 그런데…… 고민이랑 역사랑 무슨 상관이에요?"

평강이가 좋은 생각이 떠오른 듯 무릎을 탁 치며 말했어요.

온달이가 말을 마치기도 전에, 평강이가 다급히 온달이의 입을 막았어요.

해찬이는 '깔끔쟁이'예요. 자고 일어나서 침대도 정리하지 않고 책상도 늘 엉망이라 엄마한테 잔소리를 듣긴 하지만, 자기 몸만큼은 항상 깨끗하게 관리해요.

그런데 어제 학교에서…….

"캠핑이라니, 생각만 해도 끔찍해요! 캠핑을 가면 벌레도 득실거리고 딱딱한 땅에서 잘 텐데, 너무 짜증난다고요!"

 해찬이가 괴로운 듯 '으윽' 신음을 내며 말하자 설쌤의 얼굴에 엷은 미소가 피어올랐어요.

 "오늘의 고민은 간단하게 해결되겠군."

 그렇게 말한 뒤, 설쌤은 오른손을 착 내밀었어요.

영리한 강아지 로빈이 스마트폰을 입에 물고 엉덩이를 빼딱빼딱 흔들며 다가왔어요. 로빈에게 스마트폰을 받은 설쌤은 화면 속 앱 하나를 클릭했어요.

"해찬이 네 고민은 '역사 고민 처방전' 앱 하나면 뚝딱 해결된단다."

"처방전이라고요?"

해찬이는 고개를 갸우뚱했어요. 처방전이라면 병원에 가야 받을 수 있는 것 아닌가요? 그런데 다짜고짜 앱이라니, 이게 무슨 말일까요? 설쌤은 보란 듯이 앱을 켜고 선택지를 하나씩 골랐어요.

그런데 처방전을 받은 지 한참이 지나도록 아무 일도 일어나지 않았어요.

'칫, 어쩐지 수상했어.'

실망한 해찬이는 자리에서 일어나 집으로 돌아가려고 했어요. 그때 어디선가 퉁퉁 벽을 치는 소리가 들리면서 진동이 느껴졌어요. 그 소리는 점점 더 커지더니……!

벽을 뚫고 등장한 아이는 한 손에 돌멩이를 든 채 씩씩거리며 해찬이에게 따졌어요.

"사슴 못 봤냐흥? 나 홍수, 사슴 거의 다 잡을 뻔했는데 여기로 빨려 들어오는 바람에 놓쳤다흥!"

해찬이는 홍수의 말에 깜짝 놀랐어요.

'사슴을 잡는다고? 나는 작은 벌레도 무서워 벌벌 떠는데.'

평강이가 해찬이의 마음을 읽었는지 해찬이에게 속삭였어요.

"굶어 죽지 않으려고 사냥하는 거야. 구석기 사람들은 사냥에 실패하면, 며칠 동안 열매만 따 먹으며 버텨야 하거든."

평강이의 말을 들은 홍수가 잘난 척하며 말했어요.

"흥, 나는 실패란 말 모른다. 무조건 잡는다흥!"

그 순간, 홍수가 허리에 두른 나뭇잎 하나가 뚝 떨어졌어요.

"네가 해찬이의 고민을 해결해 줄 수 있을 것 같아서 소환했단다."

설쌤은 흥수에게 벌레가 바글거릴까 봐 캠핑 가는 것이 무섭다는 해찬이의 고민을 얘기해 줬어요.

"흥, 우리가 사는 동굴에서는 벌레를 간식으로 먹는데. 진짜 무서운 건 동굴로 쳐들어오는 동굴곰이다흥!"

잡아라!

거기 서

아, 제발 좀!

자기, 조심해!

 # 누가 어디에 살까?

역사 고민 상담소 식구들과 해찬이, 그리고 구석기 시대에서 온 흥수는 어디에 살고 있을까요? 사다리를 타고 내려가면 알 수 있어요.

한창 사냥을 하다 와서 그런지, 홍수의 배에서 꼬르륵 소리가 났어요. 주위를 두리번거리던 홍수는 가구 뒤에 숨어 있는 로빈을 발견했어요. 홍수는 입맛을 쩝쩝 다시면서 눈을 희번덕거렸어요. 하지만 로빈도 지지 않았지요.

"고, 고맙다흥! 네 덕분에 살았다흥!"

흥수가 자신을 구해 준 해찬이에게 말했어요.

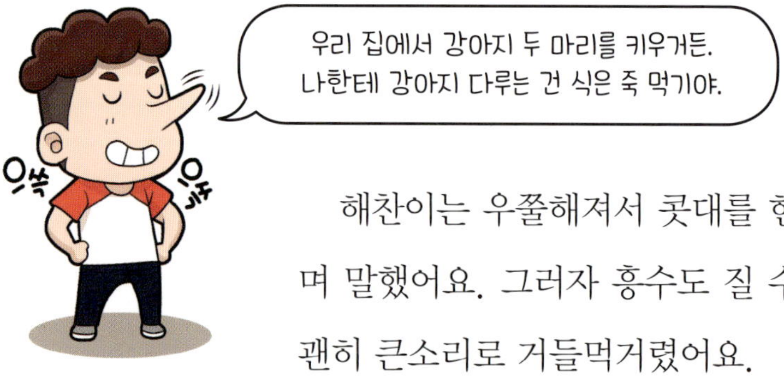

우리 집에서 강아지 두 마리를 키우거든. 나한테 강아지 다루는 건 식은 죽 먹기야.

해찬이는 우쭐해져서 콧대를 한껏 높이며 말했어요. 그러자 흥수도 질 수 없는지 괜히 큰소리로 거들먹거렸어요.

"흥, 너 매머드 잡아 봤냐흥? 매머드 사냥 하면 나를 따라올 자가 없지흥!"

해찬이는 흥수의 말을 믿을 수 없었어요.

"만화에서 보던 그 매머드? 그렇게 큰 동물을 어떻게 잡아?"

홍수는 어깨를 으쓱하며 대답했어요.

"간단하다흥! 뗀석기만 있다면 매머드든 동굴곰이든 다 잡을 수 있다흥!"

해찬이가 어리둥절한 표정을 짓자, 로빈이 토실토실한 앞발로 스마트폰 화면을 살포시 건드렸어요.

 매머드를 잡아라!

흥수가 도구를 써서 동물을 사냥한 이야기를 들려주네요.
구석기 시대에 사용한 뗀석기 도구들을 찾아 보세요.

 돌을 깨거나 떼어 내서 만들기 때문에, '뗀석기'라고 부른단다.

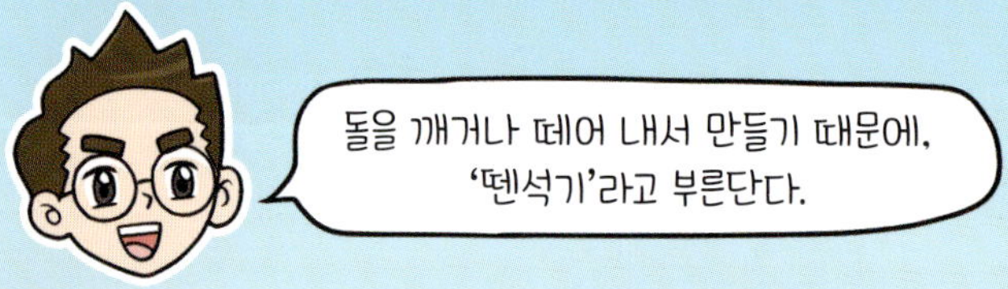

찾아봐요

주먹 도끼
한쪽은 둥글게, 다른 한쪽은 날카롭게 만들어 고기를 자르고, 동물의 가죽을 벗기고, 사냥도 할 수 있는 만능 도구예요.

슴베찌르개
끝부분이 뾰족해서 사냥할 때 창이나 화살에 꽂아 사용했어요.

찍개
나무를 다듬거나, 땅을 팔 때 사용했어요. 사냥한 동물을 토막 낼 때도 사용했어요.

긁개
사냥한 동물의 가죽을 벗겨 손질하는 데 사용했어요.

"흥흥, 이제 고기 좀 먹자흥!"

흥수는 계속 꼬르륵거리는 배를 움켜쥐고 주변을 살피더니 화분으로 다가갔어요. 그러고는 설쌤이 가장 아끼는 화초의 나뭇가지를 뚝 부러뜨렸어요. 설쌤이 달려왔지만 이미 늦었어요.

"흥수야, 뭐 하는 거니! 그건 내가 애지중지 키운 나무인데……."

"고기는 익혀서 먹어야 더 맛있다고흥!"

홍수는 고기를 맛있게 구워 주겠다고 말하면서 마룻바닥에 앉아 나뭇가지를 열심히 비볐어요.

*위험하니 절대 따라하지 마세요.

하지만 한 시간이 지나도록 연기만 피어오를 뿐 불씨는 살아날 기미가 보이지 않았어요.

보다 못한 해찬이가 '해결책'을 생각해 냈어요!

"흥, 그건 뭐냐흥? 고기 말린 거냐흥?"

해찬이가 그것도 모르냐는 듯 한숨을 폭 내쉬며 대답했어요.

"책이야. 마른 종이니까 불이 잘 붙을 거야."

흥수가 책을 받아 펼친 후, 종이에다 나뭇가지를 비벼 대기 시작했어요.

*위험하니 절대 따라하지 마세요.

마침내 불이 붙었어요! 온달이는 얼른 냉장고에 얼려 둔 고기를 꺼내 와 불 위에 툭 던졌어요. 잠시 후 고기가 노릇노릇 익기 시작했어요.

홍수는 고기 한 덩이를 집어 해찬이에게 내밀었어요.

"자, 이건 네가 먹어라흥!"

해찬이가 "괜찮은데……."라며 머뭇거리자, 홍수가 쑥스러운 듯 말했어요.

"어쩐지 나는 네가 마음에 들었다흥. 그러니까 너한테 주는 거다흥!"

홍수는 온달이와 평강이, 로빈의 입에도 고기를 한 점씩 넣어 줬어요. 프라이팬을 쓰지 않고 불에 직접 고기를 구워 먹으니, 너무 맛있다면서 다들 호들갑을 떨었어요.

홍수는 고기를 먹고 난 뒤 시원하게 트림을 한 번 했어요. 그러고는 이제 과일을 따 먹으러 돌아가야겠다며 자리를 털고 일어났어요.

"벌써 가려고? 그럼 내 고민은 어떡해?"

해찬이가 아쉬워하며 홍수를 붙잡았어요. 홍수는 해찬이에게 주먹 도끼를 남기고는 유유히 돌아섰어요.

설쌤은 그런 홍수의 뒷모습을 시원섭섭한 표정으로 바라보다가, 해찬이를 향해 물었어요.

"그나저나 해찬아, 고민은 해결되었니?"

"글쎄요, 여기 올 때만 해도 정말 캠핑에 가기 싫었거든요. 그런데 홍수가 사냥한 이야기도 듣고 고기도 직접 구워 먹어 보니, 캠핑도 재미있을 것 같아요."

해찬이는 오늘 겪은 신기한 경험을 가만히 떠올리다가 문득 궁금해졌어요.

"쌤, 그나저나 홍수가 뚫고 나온 저 벽은 어떡해요?"

 며칠 후

온달이와 평강이는 홍수 때문에 부서진 벽을 수리했어요. 설쌤은 상담 일지를 작성하고 있었고요.

"얘들아, 해찬이한테 연락이 왔구나."

설쌤이 온달이와 평강이를 불렀어요.

"어머, 이게 누구야? 캠핑 가기 싫다고 울던 해찬이 아냐?"

"이 녀석, 지금은 아주 즐거운 표정인데?"

며칠 전에는 캠핑 가는 게 싫다고 고민하던 해찬이가 캠핑장에서 환하게 웃는 사진을 보내다니, 온달이와 평강이는 정말 반가웠어요. 로빈도 덩달아 뿌듯했어요.

해찬이는 흥수가 선물로 준 주먹 도끼 덕분에 캠핑에서 '인기남'이 되었다며 사진을 한 장 더 보냈어요.

해찬이

 썰쌤, 막상 여기 와 보니 바람도 시원하고 공기도 맑고 새소리도 들려요!

 그래, 일단 해 보지 않으면 알 수 없는 것들이 있단다.

 제가 너무 겁먹었던 것 같아요. 흥수는 맨몸으로 동굴곰도 잡는데, 저도 용기를 가질게요!

 참, 캠핑장 근처에서 동굴을 발견했는데, 어쩌면 흥수가 살았던 곳 같아요! 한번 보실래요?

흠, 내 상담소에 있던 게 왜 여기 있지? 흥수가 가져간 게 틀림없군!

*역사 고민 상담소에서 사라진 물건을 찾아보세요.

그때 평강이가 설쌤을 불렀어요.

"설쌤, 문자 그만하고 쌤도 여기 와서 벽 수리하는 것 좀 도와주세요!"

그러자 온달이가 걱정스러운 표정으로 말했어요.

"이 벽 오늘 안에 수리하기는 힘들겠는데요?"

설쌤이 환하게 웃으며 대답했어요.

설쌤의 상담 일지 1

구석기 시대 소년처럼
용감해진 해찬이

| 이름 | 오해찬 | 상담 날짜 | 6월 30일, 오후 3시 |

고민 내용 캠핑에 가기 싫어요!

처방전 구석기 시대에서 온 흥수를 만나라!

상담 내용 오늘은 캠핑에 가기 싫어하는 해찬이라는 아이가 왔다. 해찬이는 캠핑이 너무 무섭다고 말했다. 녀석, 직접 불을 피워 고기도 구워 먹고, 친구들과 텐트 안에 나란히 누워 두런두런 이야기 나누다 보면 추억도 쌓이고 정말 재미있을 텐데!

인류 역사의 99퍼센트가 구석기!

해찬이의 고민을 해결하기 위해 우리 상담소의 비밀 무기, '역사 고민 처방전' 앱으로 구석기 소년 흥수를 소환했다. 흥수는 김흥수 씨가 두루봉 동굴에서 구석기 시대 아이의 유골을 발견하여 붙여진 이름이다. 최근에는 구석기 시대의 유골이 아니라는 주장도 있다고 한다.

나는 김흥수라는 사람 모른다흥!

어찌 됐든 무려 4만여 년 전에 살았던 아이를 우리 상담소에서 다시 만나다니, 이 역사 고민 처방전 앱은 정말 물건이야, 물건!

구석기 시대는 250만 년~1만 년 전까지 계속되었는데, 인류 역사의 99퍼센트를 차지하는 긴 세월이다. 정말 놀랍지 않은가!

인류의 진화 과정

오스트랄로피테쿠스 · 호모 하빌리스 · 호모 에렉투스 · 호모 사피엔스 · 호모 사피엔스 사피엔스

흥수는 무엇을 먹고, 입고, 어디에 살았을까?

흥수는 주로 열매와 나무뿌리 같은 식물을 채집하여 먹고, 어른들이 멧돼지나 동굴곰을 사냥한 날은 잔치가 벌어진다고 했다. 그들은 항상 먹을거리를 찾아 이리저리 옮겨 다니는 떠돌이 생활을 하여 동굴, 나무 위, 바위틈 같은 곳에 살았다.

흥수가 입은 옷을 보면……
흠, 입었다기보다 대충 걸쳤다고 해야겠다. 여름에는 나무껍질과 풀을 엮어서 입고, 겨울에는 동물 가죽을 벗겨 몸을 감쌌다.

떼어 내서 만들면 뗀석기

총, 칼도 없는데 홍수네 구석기인들은 집채만 한 곰이나 매머드를 대체 어떻게 사냥했을까? 답은 뗀석기에 있었다. 홍수는 주먹 도끼를 아주 잘 사용했다.

돌을 깨뜨리거나 서로 부딪쳐 떼어 내서 만든 것을 뗀석기라고 부르는데, 돌멩이인데도 꽤 날카롭게 잘 만들었더라. 그 정도면 동물 가죽을 벗기고 고기를 자르는 것도 뚝딱뚝딱 해낼 수 있을 것 같았다.

주먹 도끼 만능 도끼로 구석기 시대 최고 인기 상품.

슴베찌르개 창 끝에 매어 동물을 사냥할 때 주로 사용함.

찍개 나무를 자르거나 사냥할 때 사용함.

긁개 사냥한 짐승의 가죽을 벗기고 손질할 때 씀.

불을 피울 줄 아는 똑똑이 흥수

구석기 시대에도 불을 사용했다. 처음에는 화산이 폭발하고 벼락이 칠 때 우연히 얻은 불씨를 보관하여 사용했을 것이다. 하지만 추위를 이길 수 있고, 깜깜한 밤을 환하게 밝히고, 사나운 맹수들에게 겁도 줄 수 있는 불을 점차 스스로 만들어 낼 수 있게 되었다. 게다가 불이 있으면 음식도 익혀 먹을 수 있어 맛도 좋고 소화도 잘 되었다.

흥수는 불 피우는 법을 잘 알고 있었다. 마른 나무끼리 마찰하면 서서히 불씨가 살아난다. 그런데 이 방법은 시간이 꽤 걸리기 때문에, 돌과 돌을 부딪치는 마찰력을 이용해 불을 만들기도 했다. 그 돌이 바로 '부싯돌'이라는 말씀!

구석기 시대 사람들은 어려운 자연환경 속에서도 이웃들과 힘을 모아 추위와 비바람, 맹수의 공격을 이겨 냈다. 혼자서는 어려운 일도, 친구들과 협동하면 거뜬히 해낼 수 있다는 사실을 해찬이도 곧 깨닫게 될 날이 오겠지?

설쌤, 평강이, 그리고 온달이가 손님이 없어서 파리만 날리는 역사 고민 상담소를 홍보하기 위해 열심히 광고를 찍고 있어요.

"어디 한번 볼까?"
평강이와 온달이는 열심히 찍은 영상을 확인하려고 머리를 맞댄 채 설쌤의 스마트폰을 들여다보았어요.

그때였어요. 번개가 번쩍 치더니 천둥이 우르릉 울렸어요. 평강이와 온달이는 언제 싸웠냐는 듯 "꺄아아아!" 소리치며 서로 부둥켜안았어요.

잠시 후, 상담소의 문이 '끼익' 하고 열리더니…….

'내가 왜 여기에 있지?'

어리둥절한 얼굴로 역사 고민 상담소를 둘러보는 소녀에게 설쌤은 미안한 표정으로 말했어요.

"미안해요. 우리 조수가 실수로 역사 고민 처방전 앱을 누르는 바람에……. 그래도 이왕 상담소에 왔으니 여기 앉아요."

소녀는 자신의 이름을 다실이라고 소개한 뒤 설쌤의 책장을 신기한 듯 구경했어요.

아, 죄송.

그런데 이건 뭘 말린 거예요? 바삭한 게 씹는 맛이 있네요.

그건 말린 게 아니라……. 얘들아, 어서 좀 말려 봐!

온달이와 평강이는 소녀를 편안한 소파로 데리고 갔어요. 그리고 서로 눈빛을 주고받더니 다실이에게 고민 상담을 해 주겠다고 나섰어요.

"잘 생각해 봐. 정말 사소한 거라도 괜찮아."
평강이가 '제발 하나만!' 하는 눈빛으로 다실이를 바라보며 말했어요. 다실이는 잠시 망설이다가 조심스레 입을 열었어요.

두 사람은 다실이의 고민을 듣고 자신만만하게 미소 지었어요. 설쌤의 역사 고민 상담소는 어떤 고민이든 문제없으니까요!

"그런데 넌 걔가 왜 좋은 거야?" 하고 온달이가 물었어요.

다실이는 배시시 웃었어요. 다실이의 표정만 보아도 다잡아를 얼마나 좋아하는지 팍팍 느껴질 정도였지요.

"다잡아는 엄청 다정해요. 저한테 예쁜 들꽃도 따 주었어요."

걱정 마. 우리가 시키는 대로 하면 틀림없이 사랑이 이루어질 거야!

다실이는 평강이의 말에 자신감을 얻고 다잡아와 행복하게 사는 미래를 꿈꿔 보았어요.

# 다실이의 행복한 미래

신석기 소녀 다실이는 다잡아와 행복한 미래를 꿈꾸고 있어요.
다실이와 다잡아가 사는 마을에서 사용한 물건을 찾아 표시해 보세요.

찾아봐요

빗살무늬 토기
음식을 저장하기 위해 흙을 구워 만든 그릇으로, 표면에 빗살무늬를 새겨 넣었어요.

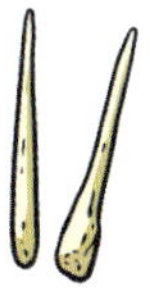

갈돌과 갈판
열매와 씨앗의 껍질을 벗기거나 가루로 만드는 도구예요.

가락바퀴
실을 만들 때 사용한 도구예요. 실을 감는 '가락'을 끼워 사용해서 '가락바퀴'라고 불러요.

뼈바늘
짐승의 뼈를 갈아 만든 바늘로, 이것으로 옷을 기워 입었어요.

돌괭이
돌을 깨거나 갈아 만든 농기구로, 나무의 뿌리를 캐고 땅을 고르는 데 사용했어요.

월척이다!

삐약

왜 이리 구멍이 많냐.

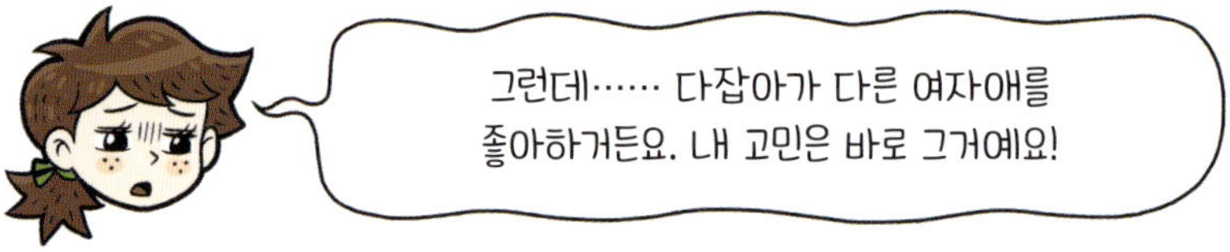

"그런데…… 다잡아가 다른 여자애를 좋아하거든요. 내 고민은 바로 그거예요!"

그러자 온달이가 곤란하다는 듯이 말했어요.

"흠, 내가 짝사랑 전문이긴 해도 이건 너무 어려운 문제인데?"

평강이는 다실이가 상처받을까 봐 얼른 온달이의 입을 막으려 했어요. 하지만 눈치 없는 온달이는 아랑곳하지 않고 계속해서 떠들어 댔어요.

"원래 짝사랑은 힘들고 외로운 거야. 오죽하면 짝사랑 노래가 그렇게 많이 나왔겠어? 다잡아가 다실이한테 전혀 관심이 없다면, 일찌감치 포기하는 것도 좋은 방법이라고!"

즈블, 입 드므리! (제발 입 다물어!)

다실이 얼굴에 그늘이 드리워졌어요. 그 모습을 본 평강이는 다실이가 상담도 받지 않고 떠나면 어떡하나 걱정되어, 얼른 다실이를 토닥이며 위로했어요.

"괜찮아. 우리 설쌤만 믿어. 설쌤은 지금까지 해결 못 한 고민이 없거든!"

그때 설쌤이 스윽 끼어들었어요. 설쌤도 오랜만에 온 손님을 이대로 보낼 수 없었나 봐요.

"역사 고민 상담소에서 처방하는 대로만 하면 어떤 사랑 문제도 한 방에 해결할 수 있단다! 그럼 시작해 볼까?"

"다실아, 네가 잘하는 게 뭐니?"

설쌤의 질문에 다실이는 한참 고민하다가 입을 열었어요.

"실 뽑기요! 그건 누구보다 자신 있어요. 내가 가락바퀴로 실을 뽑으면 아이들이 엄청 좋아했어요."

그러자 설쌤이 '옳다구나!' 하며 대꾸했어요.

좋아, 첫 번째 처방전이다!

#1. 나만의 기술을 뽐내라!

네가 실을 뽑아 다잡아에게 멋진 옷을 만들어 주면 되겠다!

내가?

그런데 설쌤의 처방전을 가만히 듣던 온달이가 끼어들며 찬물을 끼얹었어요.

그런데 내가 만든 옷을 보고 다잡아가 시시하다고 생각하면 어떡하죠?

누구든 노력하는 모습은 정말 아름답고 멋지단다. 다잡아도 틀림없이 네가 만든 옷을 예쁘다고 생각할 거야.

신기하게도 설쌤의 따뜻한 말을 들으니 다실이는 용기가 불끈 생겼어요.

설쌤, 온달, 평강이는 다실이의 실 뽑는 솜씨를 더욱 갈고닦아 다실이를 한반도 최고의 디자이너로 만들기로 했어요. 그럼 다잡아도 다실이의 매력에 흠뻑 빠질 수밖에 없겠죠?

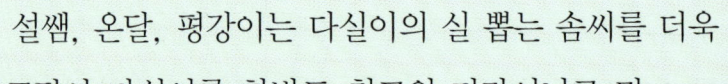

　다실이는 가지고 온 가락바퀴를 돌돌 돌리며 실을 만들어 내기 시작했어요. 실 뭉치는 금세 불어나더니 몽글몽글 하얀 솜사탕처럼 커졌어요.

"우아, 조그마한 게 실을 엄청 만들어 내는구나!"
모두들 다실이가 실 짜는 모습을 신기한 듯 바라보았어요.

로빈이 다실이의 뼈바늘을 개껌으로 착각하는 바람에 설쌤의 역사 고민 상담소는 순식간에 엉망이 되어 버렸어요.

#2. 사랑하는 사람과 같은 취미를 가져라!

두 번째 처방, 고고!

평강이가 손뼉을 치며 맞장구를 쳤어요.

"맞아! 저도 같은 취미를 가진 사람이 좋더라고요. 다실아, 다잡아가 가장 좋아하는 일이 뭐야?"

다잡아는 사냥하는 걸 제일 좋아해요!

호오….

평강이 같은 취미 가진 사람 좋아함

뭐라고 쓴 거야?

 "오호, 그럼 다잡아와 함께 사냥을 하자!"

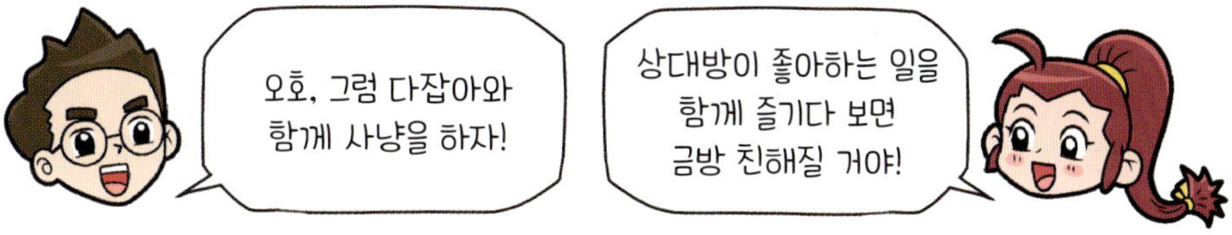

 "상대방이 좋아하는 일을 함께 즐기다 보면 금방 친해질 거야!"

하지만 기대도 잠시, 다실이의 어깨가 축 처졌어요.

"그런데 저는 사냥을 못하는걸요."

"걱정 마. 우리가 사냥 훈련을 시켜 줄 거니까."

설쌤의 말이 끝나자마자, 눈치 빠른 로빈이 설쌤의 스마트폰 화면을 눌렀어요. 순간 상담소 안에 회오리바람이 부는 듯 한바탕 무지갯빛이 휘몰아치더니, 다실이 눈앞에 신석기 시대에 사용한 도구들이 나타났어요!

"자, 뭐든 마음에 드는 도구를 골라 봐!"

 # 사냥 도구를 골라 봐!

다실이와 역사 고민 상담소 식구들이 '역사 고민 처방전' 앱을 켜서 가상 현실로 사냥 연습을 시작했어요. 그림의 빈 곳에 알맞은 퍼즐 조각을 찾아 번호를 써 넣으세요.

다실이가 화살을 들고 낑낑거리자, 온달이는 다실이에게 으스대며 화살 쏘는 법을 가르쳐 주었어요.

그때였어요. 동굴곰이 스윽 나타나더니 온달이의 어깨를 두드렸어요.

온달이가 가까스로 동굴곰을 피하자, 그제야 로빈이 스마트폰을 꾹 눌러 앱을 껐어요.

평강이가 온달이를 다그쳤어요.

"야, 곰이 나왔으면 다실이한테 사냥하는 법을 알려 줘야지, 너 혼자 도망가면 어떡하니?"

다실이는 이만저만 실망한 게 아니었어요.

괜히 처음 보는 사람들에게 짝사랑 고민을 털어놓은 바람에, 다 잡아와 잘될 일은 없겠다는 확신만 얻었을 뿐이에요.

다실이의 어두워진 표정을 본 설쌤이 재빨리 말했어요.

"두 가지 처방전 모두 실패라면 어쩔 수 없지. 치사해도 이 방법밖에는!"

"그렇다면, 저는 정성이 가득 담긴 토기를 만들어 줄래요!"
　다실이의 대답이 끝나자마자, 온달이와 평강이는 일사천리로 움직여 다실이가 멋진 토기를 만들 수 있도록 준비했어요. 아, 물론 로빈도 도왔어요.
　다실이는 정성껏 진흙을 반죽하기 시작했어요.

진흙을 반죽해서,

반죽을 긴 띠로 돌돌 말아 그릇 모양으로 만들어요.

돌로 표면을 다듬고,

나뭇가지로 빗살무늬를 새기면, 완성!

이게 음식을 끓여 먹고, 남은 음식을 보관했다던 빗살무늬 토기구나!

평강이와 온달이도 다실이를 따라서 토기를 만들었어요. 그런데 무슨 일인지 온달이의 얼굴이 빨갛게 달아오르지 뭐예요.

"너 꽈배기 먹었니? 왜 그렇게 몸을 배배 꼬아?"

온달이는 평강이의 말에 당황한 나머지 벌떡 일어서면서 소리쳤어요.

"내, 내가 뭐? 뭐?"

그 바람에 온달이는 다실이가 정성 들여 만든 빗살무늬 토기를 망가뜨리고 말았어요.

다실이는 눈물이 그렁그렁했어요. 설쌤의 세 번째 처방마저 실패하다니, 다실이와 다잡이는 인연이 아닌 걸까요?

77

다실이는 이내 눈물을 훔치고 무언가 결심한 듯 뚜벅뚜벅 걸어갔어요. 그러더니 상담실 한쪽 벽에 그림을 그렸어요.

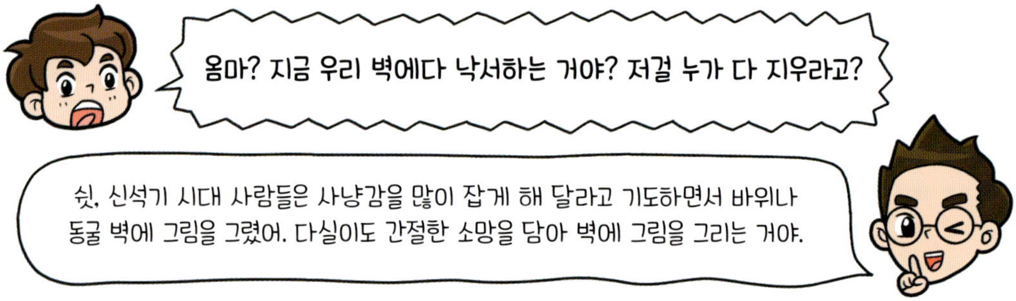

옴마? 지금 우리 벽에다 낙서하는 거야? 저걸 누가 다 지우라고?

쉿, 신석기 시대 사람들은 사냥감을 많이 잡게 해 달라고 기도하면서 바위나 동굴 벽에 그림을 그렸어. 다실이도 간절한 소망을 담아 벽에 그림을 그리는 거야.

평강이는 설쌤의 말에 "그런 미신을 믿다니!" 하고 코웃음을 쳤어요. 그런데…….

"다 됐다!"

그림을 다 그린 다실이는 미소를 지었어요. 벽에는 늠름한 얼굴의 남자아이가 그려져 있었어요.

"얘가 다잡아구나?" 하고 평강이가 물었어요.

"맞아요. 내가 벽화까지 그리면서 기도했으니까 다잡아도 곧 내 마음을 알아주겠죠?"

다실이는 이제 자기가 살던 곳으로 돌아가야겠다고 말했어요. 그러고는 감사의 선물로 상담소 식구들에게 가락바퀴를 내밀었어요.

비록 처방전은 모두 실패했지만, 덕분에 다잡아에게 내 마음을 보여 줄 용기를 얻었어요. 모두 도와줘서 고마워요!

자!

다실이는 그렇게 작별 인사를 하고 아까 들어왔던 문을 열고 신석기 시대로 돌아갔어요.

며칠 후

드디어 설쌤의 역사 고민 상담소 광고가 방송되는 날이에요. 설쌤, 평강이, 온달이, 그리고 로빈까지 텔레비전 앞에 옹기종기 모여 앉았어요.

"으흐흐, 광고가 나간 뒤에 아이돌 기획사에서 연락 오면 어떡하지?"

"우리 온달이, 꿈도 참 크구나?"

온달이와 평강이가 티격태격하는 사이, 마침내 광고가 시작되었어요.

으윽, 도저히 못 보겠구나!

속보입니다. 오늘 울산 울주군에서 신석기 시대의 것으로 보이는 암각화가 발굴되었습니다!

샘쌤의 상담 일지 ❷

진실한 마음으로 사랑을 쟁취한
신석기 소녀 다실이

이름 다실이 **상담 날짜** 7월 11일, 오후 1시

고민 내용 짝사랑을 이룰 수 있을까요?

처방전 사랑은 쟁취하는 것! 3단계 처방전으로 짝사랑을 사수하라!

상담 내용 오늘 평강이가 실수로 역사 고민 처방전 앱을 누른 바람에, 신석기 시대에 살던 소녀가 소환됐다. 얼떨결에 만나긴 했지만 오랜만에 찾아온…… 아니, 찾아온 건 아닌가? 아무튼, 흠흠, 귀한 손님을 그냥 보낼 수 없었다.

패션을 아는 신석기 사람들

다실이는 아주 심각하고 비밀스러운 고민을 털어놓았다. 그것은 바로 하느님도 부처님도 해결 못 한다는 짝사랑! 하하, 이런 건 우리 역사 고민 상담소 전문이지!

다실이는 가락바퀴로 실을 무척 잘 뽑는다고 했다. 그렇다면, 첫 번째 처방전은 다잡아 앞에서 실 뽑는 기술 뽐내기!

신석기 시대에는 가락바퀴를 이용해 삼이라는 풀에서 실을 뽑고, 돌이나 뼈로 만든 바늘로 동물 가죽을 바느질해 옷을 만들었다. 나뭇잎을 덕지덕지 엮고 동물 가죽을 몸에 걸치기만 한 구석기 시대 옷에 비하면 훨씬 세련되어 보였다.

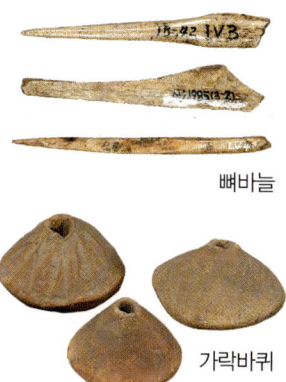
뼈바늘
가락바퀴

갈아서 만들면 간석기

첫 번째 처방전은 로빈 녀석이 뼈바늘을 개껌으로 착각하고 날뛰는 바람에 실패했다. 하지만 쉽게 포기할 내가 아니지!

두 번째 처방전은 사랑하는 사람과 같은 취미 갖기! 다잡아는 사냥을 가장 좋아한다고 하기에, 우리는 사냥 도구를 골라 사냥 연습에 돌입했다. 신석기 도구는 돌을 갈아서 만든 간석기로, 모양이 다양하고 정교했다.

돌보습

그물추

낚싯바늘

농사를 지으면 이사 갈 필요 없지!

사실 다잡아만 아니면, 다실이는 사냥하는 법을 꼭 배울 필요가 없었다. 신석기 시대에는 농사를 지어 식량을 마련하기도 했기 때문이다. 아, 이때에는 쌀 대신 조와 피 같은 잡곡을 주로 재배했다.

신석기 시대 사람들은 농사를 지으면서 떠돌아다닐 필요가 없어졌다. 그래서 강가에 움집을 짓고 정착하게 되었고, 아기를 많이 낳아 인구가 늘어났다.

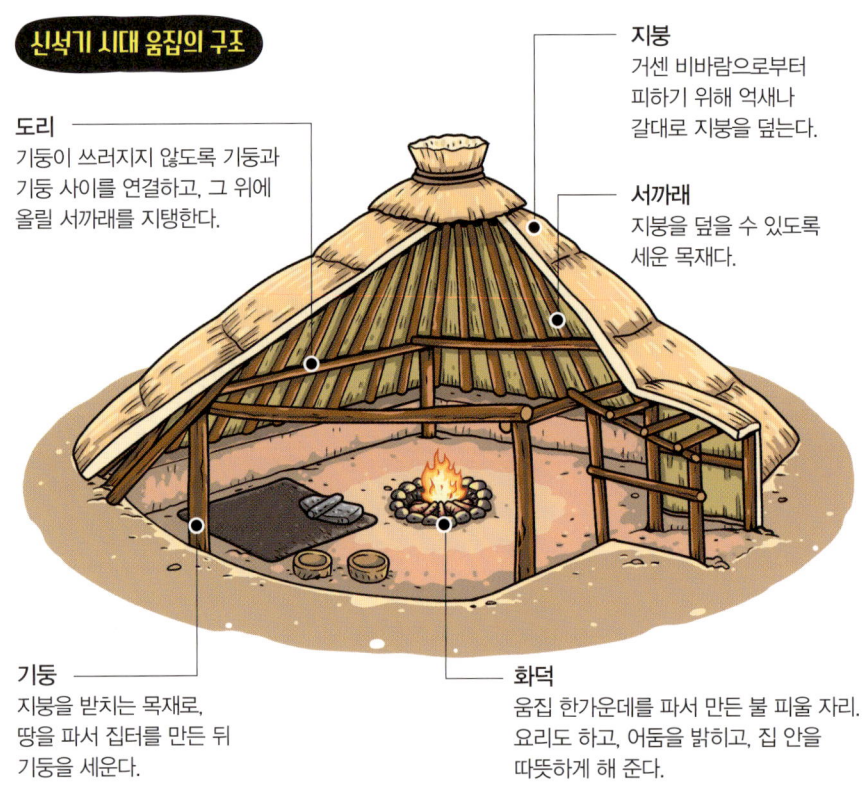

신석기 시대 움집의 구조

도리
기둥이 쓰러지지 않도록 기둥과 기둥 사이를 연결하고, 그 위에 올릴 서까래를 지탱한다.

지붕
거센 비바람으로부터 피하기 위해 억새나 갈대로 지붕을 덮는다.

서까래
지붕을 덮을 수 있도록 세운 목재다.

기둥
지붕을 받치는 목재로, 땅을 파서 집터를 만든 뒤 기둥을 세운다.

화덕
움집 한가운데를 파서 만든 불 피울 자리. 요리도 하고, 어둠을 밝히고, 집 안을 따뜻하게 해 준다.

빗살무늬 토기의 바닥이 뾰족한 이유

마지막 처방전은 선물로 사랑하는 사람의 마음을 사로잡기! 선물을 싫어하는 사람은 없으니까! 다실이는 빗살무늬 토기를 만들어 다잡아에게 주기로 했다.

신석기 시대부터 사람들은 흙을 빚어서 불에 구워 그릇을 만들었다. 불에 구우면 그릇이 단단해지기 때문이다.

그나저나 다실이가 만든 빗살무늬 토기의 뾰족한 바닥이 재미있게 생겼다. 하지만 아랫부분이 뾰족해서 곡식을 더 많이 담을 수 있고 땅에 꽂아 사용하기도 편했다고 하니, 신석기 시대 사람들의 지혜가 엿보인다.

울산 반구대 암각화 1971년에 발견된 신석기 시대의 암각화로 200여 점의 그림이 그려져 있다.

오늘 뉴스에 나온 다실이네 벽화를 보니, 실패로 끝난 줄 알았던 처방전이 성공을 거둔 것 같아 흐뭇했다. 그런데 온달이는 왜 자꾸 몸을 배배 꼬며 다실이네 벽화와 평강이를 번갈아 가면서 힐끔거릴까?

"에휴!"

조금 전 반장이 된 태양이의 한숨 소리예요.

사실, 태양이는 반장이 되고 싶다는 생각을 해 본 적이 없어요. 선생님이 반장 후보를 추천받는다고 하자, 짝꿍인 해찬이가 태양이를 추천한 거예요. 태양이는 얼굴이 사과처럼 빨갛게 변해서 싫다는 말도 못 꺼냈어요. 결국 머뭇거리다가 얼떨결에 반장이 되고 말았지요.

'그럼 내 고민도 해결해 줄 수 있을까?'

태양이의 속마음이 평강이와 온달이에게도 들렸는지, 두 사람은 "일단 설쌤에게 맡겨 봐!"라면서 태양이를 데리고 어디론가 발길을 재촉했어요.

잠시 후, 세 사람이 도착한 곳에는 동그란 안경을 쓴 남자가 책상 앞에 오도카니 앉아 있었어요. 작은 강아지 한 마리도 "멍!" 하며 태양이를 반겼어요.

태양이는 어깨를 움츠리며 기어들어 가는 목소리로 말했어요.

"저는 반장을 할 자신이 없어요. 반장은 다른 아이들보다 뛰어난 사람이 하는 거잖아요. 저는 실수투성이인데다가 잘하는 게 하나도 없는걸요."

그런데 설쌤은 태양이의 고민을 듣는 둥 마는 둥 하며 스마트폰만 만지작거렸어요.

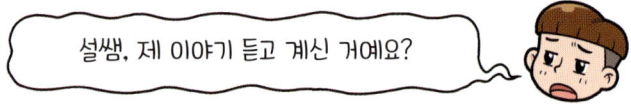
설쌤, 제 이야기 듣고 계신 거예요?

태양이가 볼멘소리를 하는데, 갑자기 설쌤의 스마트폰이 반짝거렸어요. 잠시 후 '우지직' 천장 무너지는 소리가 나더니, 무언가 우당탕거리며 바닥으로 떨어졌어요.

뽀얀 먼지 속에서 목과 허리에 온갖 잡동사니를 주렁주렁 매단 사람의 모습이 드러났어요.

설쌤이 역사 고민 처방전 앱을 실행시켰던 거예요!

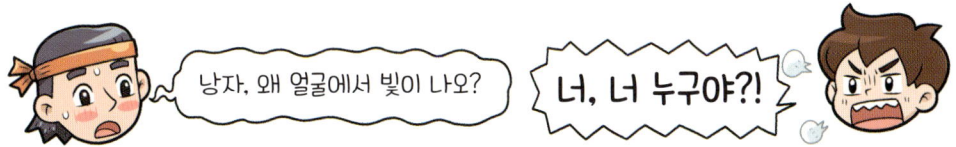

온달이는 평강이를 빤히 바라보며 얼굴을 발그레 붉히는 이 방인이 괜스레 미웠어요.

"무엄하다! 이걸 보고도 내가 누구인지 모르겠느냐?"

이방인은 자신의 몸에 걸친 물건들을 가리키며 소리쳤어요.

"아하, 알겠다!"

온달이 손뼉을 짝 쳤어요.

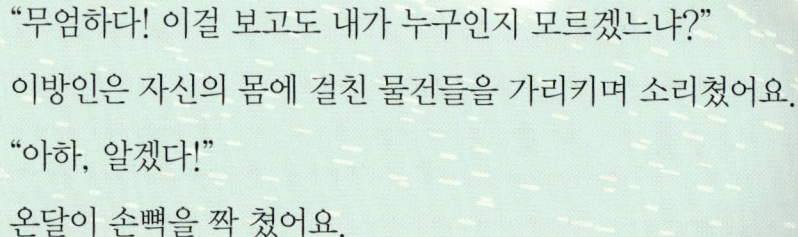

고물상인가 봐! 우리 재활용품 버릴 게 많잖는데 잘됐네. 어서 가져가세요!

이방인은 참을 수 없다는 듯 발을 쿵! 하고 구르더니, 요란하게 청동 방울 소리를 내며 설쌤의 책상 위로 올라갔어요. 그러고는 거울처럼 생긴 물건을 높이 들어 보였어요.

내 선물을 받아 주시오!

비추라가 청동기 시대에서 가져온 물건들을 늘어놓고, 재잘재잘 자랑하고 있어요. 두 그림을 비교하여 서로 다른 곳 7군데를 찾아보세요.

"어때, 이제 내가 얼마나 대단한지 깨달았느냐? 좋다. 너희를 나의 부족으로 받아 주마!"

비추라의 말에 다들 어이가 없었어요.

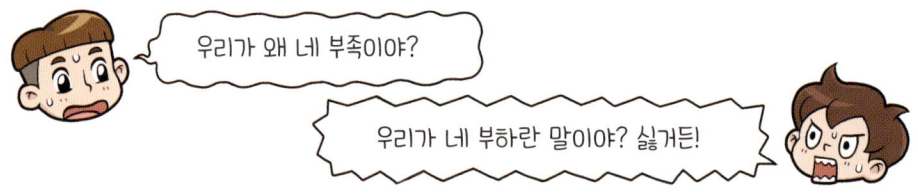

우리가 왜 네 부족이야?

우리가 네 부하란 말이야? 싫거든!

다들 볼통볼통 화를 내며 한마디씩 하자, 설쌤이 아이들을 진정시켰어요.

비추라는 청동기 시대에서 온 부족장이라서 그래. 몸에 걸친 청동 방울, 청동 거울, 청동검은 지배자의 권력과 힘을 상징하는 물건이거든. 그러니 일단 하고 싶은 대로 하도록 놔두자.

우리 리더는 설쌤인데.

"뭐? '설쌤비추'라고? 푸하하!"

설쌤만 빼고 모두 배꼽을 잡고 깔깔대며 웃었어요.

비추라는 그 모습을 흐뭇하게 바라보면서, 설쌤과 자신의 이름을 공평하게 합쳐서 부족의 이름을 정하길 잘했다고 생각했어요. 그때, 설쌤의 스마트폰이 울렸어요.

"그것은 무엇이냐?"

비추라가 눈을 반짝 빛내며 물어보자, 설쌤은 아무것도 아니라고 하면서 스마트폰을 감추려 했어요.

남자와 비추라는 서로 눈을 동그랗게 뜨고 쳐다보았어요.

"아니, 넌 우리 부족의 적, 비추라 족장?"

"당, 당신은 막쳐라 족장?"

두 족장은 누가 먼저랄 것도 없이 허리에 차고 있던 청동검을 뽑아 서로에게 겨누었어요.

> 비추라의 검은 비파형 동검이고, 막쳐라의 검은 세형 동검이야. 세형 동검이 훨씬 나중에 만들어졌기 때문에 비파형 동검보다 더 강력하단다.

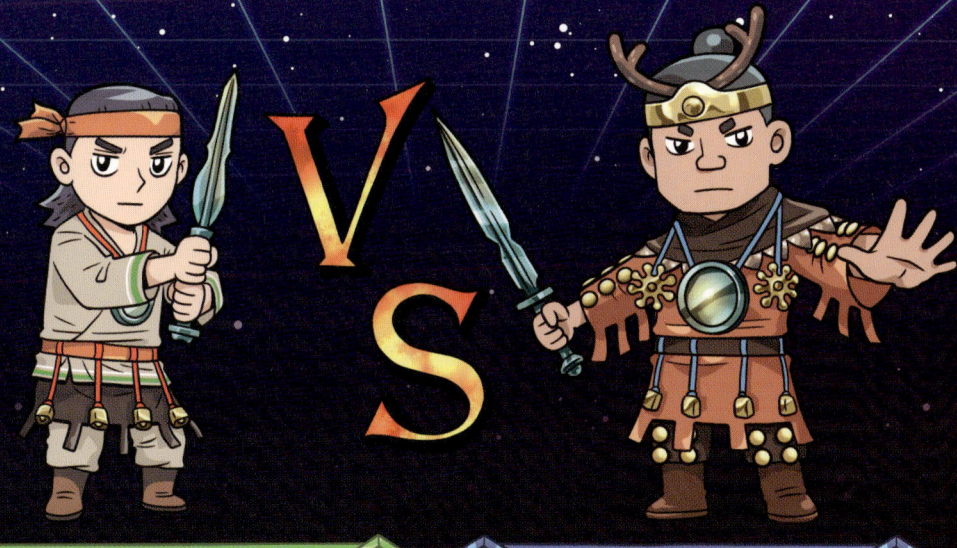

비파형 동검 ★★

- '비파'라는 악기처럼 생겼어요.
- 윗부분은 좁고, 아랫부분은 둥글고 넓어요.

세형 동검 ★★★

- 청동기 시대 후기에 만들어졌어요.
- 비파형 동검보다 가늘고 날카로워요.
- 한반도에서만 발견되었어요.

공통점
- 거푸집에 쇳물을 부어서 만들어요.
- 손잡이와 칼날을 따로 만든 뒤 조립해요.

설쌤이 걱정스러운 얼굴로 말했어요.

"애들아, 우리 운명이 비추라의 손에 달렸단다. 우린 반드시 비추라가 이기길 바라야 해."

아이들이 깜짝 놀라 설쌤에게 물었어요.

"어째서 우리 운명이 비추라의 손에 달렸어요?"

"비추라가 막쳐라에게 진다면, 막쳐라는 우리를 데려가서 노예로 만들지도 몰라."

설쌤의 말을 들은 아이들은 충격에 빠졌어요.

"뭐라고요? 우리가 뭘 잘못했다고 노예로 만들어요?"

청동기 시대 사람들은 벼농사를 지으면서 식량이 풍부해졌어. 서로 식량을 더 많이 차지하기 위해 다른 부족과 전쟁을 벌이기도 했지. 전쟁에서 지면 족장은 목숨을 잃고, 부족원들은 노예가 되었어.

비추라와 막쳐라는 한 시간이 지나도록 꿈쩍 않고 서로 노려보기만 했어요.

"청동기 사람들은 눈싸움으로 승패를 가렸나?"

기다리다 지친 태양이가 한마디 하는 순간, 두 사람의 진짜 싸움이 시작되었어요.

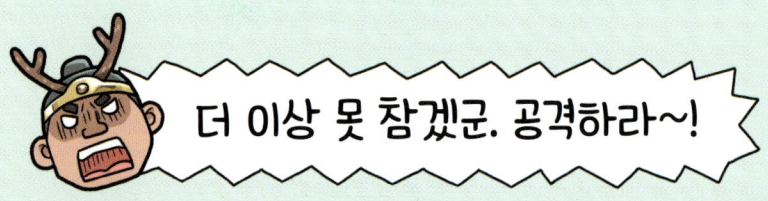

더 이상 못 참겠군. 공격하라~!

이게 무슨 일인가요? 막쳐라가 큰 소리로 외치자, 무너진 벽 뒤에서 막쳐라의 부하들이 우르르 뛰어나왔어요.

"저 '숯검댕이' 눈썹을 가진 남자와 민무늬 토기처럼 생긴 아이들을 붙잡아라!"

상담소 식구들과 태양이는 막쳐라 부하들의 손아귀에서 벗어나려고 안간힘을 썼어요. 로빈도 부하들의 손을 깨물고 할퀴면서 붙잡히지 않으려고 발버둥쳤어요. 하지만 우락부락한 막쳐라 부하들의 힘을 당해 낼 수는 없었지요.

상담소 식구들을 구해라!

설쌤의 역사 고민 상담소 식구들과 태양이가 막쳐라 부족에게 붙잡혔어요.
풀려나려면 초성 퀴즈를 맞혀야 한대요. 막쳐라 족장이 내는 문제를 풀어 보세요.

지금까지 집중해서 읽었다면 금방 풀 수 있지!

1. 구석기 시대와 신석기 시대 다음의 시대를 일컫는 말은?

ㅊㄷㄱ ㅅㄷ

4. 목에 거는 장신구로, 청동으로 만들어져 반짝거리며 빛을 내는 물건은?

ㅊㄷ ㄱㅇ

5. 청동기 시대에 사용한 아무런 무늬가 없는 토기는?

ㅁㅁㄴ ㅌㄱ

2. '비파'라는 악기처럼 생긴 청동기 시대의 검은?

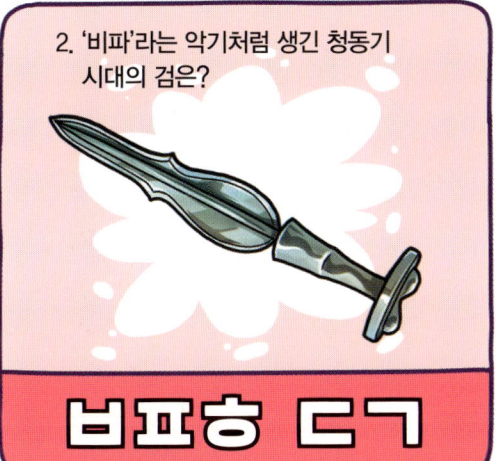

ㅂㅍㅎ ㄷㄱ

3. 청동기 시대 후기에 사용한 것으로, 비파형 동검보다 가늘고 날카로운 검은?

ㅅㅎ ㄷㄱ

6. 청동기 시대에 시작한 농사는?

ㅂㄴㅅ

비추라는 붙잡힌 채 엉엉 울고 있는 자신의 부족원들을 돌아보며 안심시켰어요.

설쌤비추 부족이여, 두려워할 것 없다. 족장으로서 내가 기필코 너희를 구해 주마!

그러고는 평강이를 향해 그윽한 눈빛을 보내며 덧붙였어요.

낭자, 미안하오! 평생 당신을 지켜 주고 싶었는데…….

나……?

비추라는 자신의 비파형 동검을 땅에 던지고, 두 손을 들어 막쳐라에게 항복했어요. 대신 조건을 내걸었지요.
"항복할 테니 내 부하들은 건드리지 않겠다고 약속해라!"

막쳐라는 알았다고 대답하고는 비추라의 양손을 묶었어요. 그런데 잠시 후 "순진한 녀석!" 하고 큰 소리로 비웃더니 이렇게 말하지 뭐예요!

"내 말을 믿냐? 너와 네 부하들까지 노예로 삼아, 평생 논밭에서 일하고 돼지 똥을 치우게 할 테다!"

그때였어요.

감히 약속을 어겨?

모두 꼼짝 마!

"가까이 오지 마! 막쳐라의 목숨은 내 손에 달렸다."

비추라에게 역습을 당한 막쳐라가 덜덜 떨리는 목소리로 부하들에게 말했어요.

"얘, 얘들아, 비추라 말대로 해라. 비추라, 원하는 게 뭐냐?"

"지금 당장 나의 부하들을 풀어 줘라. 털끝 하나라도 해치면 너를 가만두지 않겠다!"

막쳐라 족장의 부하들은 하는 수 없이 설쌤, 평강이와 온달이, 태양이, 그리고 로빈을 풀어 줬어요.

비추라는 그제서야 안심했어요. 그러고는 무언가 결심한 듯 아리송한 말을 남긴 뒤, 막쳐라를 내던지고 벽에 뚫린 구멍 속으로 부리나케 뛰어들었어요.

상담소 식구들과 태양이는 고요해진 벽 너머를 한참 동안 바라보았지만, 아무 일도 일어나지 않았어요. 한바탕 소동을 피운 비추라와 막쳐라 부족 모두 자신들이 살던 청동기 시대로 돌아간 거예요.

한참이 지난 후, 설쌤이 겨우 입을 떼었어요.

"비추라가 우리를 지키려고 막쳐라 부족을 유인했구나!"

태양이는 설쌤의 말을 듣자 마음이 무거워졌어요.

'비추라가 족장으로서 우리를 위해 희생하다니……'

그때 벽 앞에서 무언가 반짝거렸어요.

"이건 비추라의 청동 거울이잖아!"

태양이는 비추라가 떨어뜨린 청동 거울을 바라보며 생각했어요.

'나도 비추라처럼 남을 먼저 생각하는 리더가 되어야지.'

며칠 후

온달이와 평강이는 비추라 때문에 엉망이 된 상담소를 청소하고 있었어요. 그때 밖에서 왁자지껄한 소리가 들렸어요.

"태양이가 비추라를 만난 뒤 '참 리더'가 되었나 봐!"

온달이가 태양이의 모습을 흐뭇하게 바라보며 말했어요.

"그나저나 비추라는 잘 지내고 있을까?"

평강이는 문득 비추라의 안부가 궁금했어요.

"비추라가 궁금하면 만나면 되지!"

설쌤이 빙그레 웃으며 말하자, 영리한 로빈이 설쌤의 스마트폰 화면을 살포시 눌러 '역사 고민 처방전' 앱을 켰어요.

"비추라가 우리를 구하려다 목숨을 잃었나 봐. 엉엉!"

역사 고민 상담소 식구들이 서로 부둥켜안고 눈물을 흘렸어요. 그때 '똑똑' 하는 소리가 들리더니 낯익은 목소리가 들렸어요.

설쌤과 평강이, 온달이는 비추라가 무사한 모습을 보고 뛸 듯이 기뻤어요. 아, 물론 로빈도요!

"비추라, 네가 죽은 줄 알고 깜짝 놀랐어!"

평강이가 눈물을 훔치며 다행이라고 말하자, 비추라의 뺨이 살짝 붉어졌어요.

"낭자, 내 걱정을 한 것이오?"

평강이가 "아니, 그게 아니라……." 하며 말끝을 흐리자, 비추라가 난처한 얼굴로 평강이에게 말했어요.

"흠, 낭자, 긴히 할 말이 있소. 실은……."

건넛마을 처자와 다시 한번 잘 해 보기로 했소. 미안하지만 이제 나를 잊어 주길 바라오.

비추라의 말을 듣고 평강이는 어이가 없었는지, 얼굴이 고추장만큼 빨개졌어요.

"그, 그걸 대체 왜 나한테 말하는 거야?"

평강이는 정말 억울했어요.

나는 처음부터 너한테 관심이 없었다고!!

설쌤이 평강이를 진정시키고 비추라에게 인사를 건넸어요.
"그만들 싸우렴. 비추라, 무사하다니 정말 다행이야."
"나는 이곳으로 빠져나오자마자 우리 마을에 쳐 놓은 울타리 안으로 냅다 달렸지. 막쳐라 부족은 그 앞에서 꼬박 이틀을 기다리다가 지쳐서 돌아갔다네. 푸하하!"

비추라는 건넛마을 처자와 약속이 있어서 이제 그만 가야겠다며 작별 인사를 했어요.
"서운해 말게. 그리고 족장의 자리는 설쌤에게 물려주겠다. 설쌤비추 부족이여, 영원하라!"

"비추라를 이제 못 만난다고 생각하니 좀 서운하네요."

설쌤의 스마트폰이 꺼지고 비추라가 떠자나 평강이와 온달이는 못내 아쉬워했어요.

설쌤은 부드러운 미소를 지었어요.

'태양이의 고민을 해결하려다, 애꿎은 비추라의 목숨만 잃을까 봐 걱정했는데 정말 다행이야. 앞으로도 많은 아이들의 고민을 척척 해결해 주어야 할 텐데.'

그때 온달이와 평강이가 소리쳤어요.

설쌤의 상담 일지 3

비추라 족장에게 배운
책임감과 희생의 리더십

| 이름 | 양태양 | 상담날짜 | 7월 25일, 오후 1시 |

고민 내용 저처럼 소심한 아이가 반장을 할 수 있을까요?

처방전 다른 사람을 배려하고 책임감 있는 사람이 진정한 리더!

상담 내용 온달이와 평강이가 태양이라는 손님을 데려왔다. 기특한 녀석들! 태양이는 반장이 되었지만 친구들 앞에 나서는 게 몹시 걱정되는 아이였다. 하긴, 나도 부끄러움이 많은 시절이 있었지······.

번쩍번쩍, 딸랑딸랑! 비추라 족장

'역사 고민 처방전' 앱을 실행하자 청동기 시대의 비추라 족장이 소환되었다. 비추라는 갑자기 현대 사회로 소환되어 당황했을 텐데, 조금도 주눅들지 않고 오히려 우리의 리더가 되기를 자청했다.

비추라는 청동으로 만든 물건인 청동기를 온몸에 주렁주렁 달고 왔다. 청동기는 재료를 구하기 힘들고 만드는 시간도 오래 걸렸기 때문에, 재산이 많고 힘있는 지배 계급 사람들만 주로 사용했다.

족장이 목에 청동 거울을 걸면, 거울이 햇빛에 반사되어 번쩍번쩍 빛나고, 청동 방울을 흔들면 신비한 소리가 났다. 그래서 사람들은 족장을 특별한 존재라고 믿었다.

　재산과 계급에 따라 입는 옷도 달랐다. 막쳐라 옷이 비추라의 옷보다 화려했으니까 막쳐라가 좀 더 부자였나 보다.

① 돌을 깎아 거푸집을 만든다.　② 구리와 주석과 아연을 센 불에 녹여서 쇳물로 만든다.

③ 쇳물을 거푸집에 붓는다.　④ 식힌 뒤 다듬으면, 완성!

전쟁이다! 노예가 되기 싫으면 이겨라!

　비추라와 막쳐라가 비파형 동검과 세형 동검을 서로 겨누는 순간, 나는 전쟁이라도 일어날까 봐 심장이 벌렁거렸다. 만약 비추라가 진다면 나와 우리 상담소 아이들은 모두 노예로 끌려갈지도 모를 일이었다.

청동기 시대에는 벼농사를 짓기 시작하면서 식량이 풍부해졌다. 자기 땅에서 농사를 지어 얻은 곡식은 자기 재산이 되었다. 그러다 보니 더 많은 땅과 곡식, 물을 빼앗기 위해 부족 간에 전쟁도 일어났다.

전쟁이 계속되며 큰 마을이 작은 마을을 정복하고, 여러 부족들이 점점 모이면서 부족 연합이 만들어졌다. 부족 연합은 훗날 하나의 나라로 발전했다. 그것이 바로 우리 민족의 첫 나라, 고조선이라는 말씀!

그릇에 무늬가 없다니!

막쳐라 녀석, 감히 나에게 '숯검댕이 눈썹'이라고 했다. 요즘 유행하는 눈썹인데……. 게다가 사랑스러운 우리 상담소 아이들과 태양이를 민무늬 토기라고 불렀다!

아! 민무늬 토기 얘기가 나와서 말인데, 신석기 시대에 비하면 청동기 시대에는 엄청난 발전이 있었다.

신석기 시대의 빗살무늬 토기는 밑을 뾰족하게 만든 반면, 민무늬 토기는 밑을 평평하게 만들고 무늬를 새기지 않았다. 청동기 시대에는 기술이 좋아져 가마 속에서 그릇을 구웠기 때문에, 표면이 갈라질 염려가 없었다나 뭐라나!

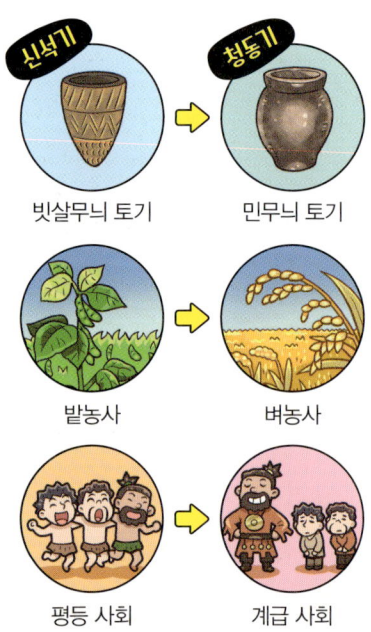

신석기 → 청동기
빗살무늬 토기 　 민무늬 토기
밭농사 　 벼농사
평등 사회 　 계급 사회

영치기, 영차! 고인돌을 세워라!

오늘 비추라의 안부를 확인하려고 '역사 고민 처방전' 앱을 실행시켰는데, 세상에, 비추라는 온데간데없고 고인돌만 덩그러니 보였다!

청동기 시대에는 족장처럼 높은 계급인 사람이 죽으면 무덤을 크고 화려하게 만들었다. 그것을 '고인돌'이라고 부른다. 우리나라는 세계에서 고인돌이 가장 많기로 유명한 고인돌 부자다.

최근에 홍수와 다실이, 비추라까지 소환했더니 상담소 벽과 천장이 남아나질 않는다. 그래도 아이들 고민이 착착 해결되고 있으니, 역사 고민 상담소를 차리길 잘했다는 생각이 든다. 내일은 또 어떤 고민을 가진 손님이 찾아올까?

고인돌 만드는 순서

① 큰 돌을 잘라 받침돌을 세운다.

② 두 개의 큰 돌을 세운 뒤, 흙으로 덮는다.

③ 덮개가 될 넓적한 돌을 굴려서 올린다.

④ 두 개의 돌 위에 덮개돌을 올리고, 흙을 없앤다.

탁자식 고인돌 기둥 형태의 돌 위에 넓은 덮개돌을 올린 형태

한 번에 정리해요

여러분, 《설민석의 역사 고민 상담소 1. 한국사의 시작, 선사 시대》를 재미있게 읽었나요?

구석기 시대에서 온 용감한 소년 홍수, 진실한 마음으로 사랑을 쟁취한 신석기 시대 소녀 다실이, 책임감과 희생의 미덕을 가진 청동기 시대 족장 비추라를 만나며 여러분의 마음도 뜨거워졌나요?

이제 앞에서 읽은 내용을 정리하며 가볍게 문제를 풀어 보아요. 선조들의 지혜를 잊지 않으려면, 우리가 배운 내용을 가슴속에 새겨 두는 연습이 필요해요!

자, 그럼 시작해 볼까요?

문제 1. 사진의 유물이 등장한 시대를 찾아 선으로 연결해 보세요.

| 구석기 시대 | 신석기 시대 | 청동기 시대 |

문제 2. 다음 내용을 읽고 맞으면 O, 틀리면 X를 선택하세요.

문제 3. 단짝 친구가 교실에서 남의 물건을 훔치는 장면을 봤다고 상상해 보세요. 여러분이라면 어떻게 할 것인지 자유롭게 써 보세요.

선택 1. 친구의 잘못을 선생님께 말할 거예요.

선택 2. 친구의 잘못을 눈감아 줄 거예요.

내가 그렇게 생각한 이유는

입니다.

※ 과연 설쌤의 역사 고민 상담소에서는 이 고민을 어떻게 해결할까요?
2권에서 확인해 보세요!

그동안 무슨 일이 일어났을까?

같은 시대, 우리나라와 세계에서는 무슨 일이 일어났을까요?
우리 역사의 흐름을 세계사와 함께 살펴봅시다.

기원전 약 70만 년 전
구석기 시대

사냥과 채집을 하며 이동 생활을 했어요. 뗀석기를 사용하고 동굴이나 막집에서 살았어요.

기원전 8000년경
신석기 시대

빙하기가 끝나고 신석기 시대가 시작됐어요. 밭농사를 짓고 가축을 길렀어요. 간석기를 사용하고, 곡식을 저장하기 위해 토기도 만들었어요.

한국사

기원전 1만 년 | 기원전 5000년

세계사

기원전 약 390만 년 전
인류의 등장

최초의 인류인 오스트랄로피테쿠스가 등장했어요. 현생 인류의 조상인 호모 사피엔스는 약 20만 년 전에 등장했어요.

기원전 4000년경
메소포타미아 문명 시작

티그리스 강과 유프라테스 강의 두 계곡이 만나는 메소포타미아 남쪽 지역에 인류 최초의 문명이 발생했어요.

기원전 2333년
고조선 건국
단군이 우리나라 최초의 국가인 고조선을 세웠어요. 사회 질서를 지키기 위해 엄격한 법률을 세웠어요.

기원전 2000년경
청동기 시대
청동으로 만든 제사용 도구와 장신구를 사용했어요. 벼농사로 식량이 늘어나자, 계급의 차이가 생기고 부족 간 전쟁도 일어났어요.

기원전 400년경
철기 시대
철제 농기구를 사용해 생산력이 더욱 높아졌어요. 철제 무기를 바탕으로 부여, 고구려, 옥저, 동예, 삼한 등 여러 나라들이 생겼어요.

기원전 1000년

기원전 500년

기원전 약 2500년경
인더스 문명과 중국 문명 시작
인도의 인더스 강 유역에서 인더스 문명이, 중국의 황허 강 유역에서 중국 문명이 시작되었어요.

기원전 753년
로마 건설
티베르 강 유역의 이탈리아인들이 도시 국가 로마를 건설했어요.

기원전 334년
알렉산드로스 동방 원정
마케도니아의 알렉산드로스 왕이 영토 확장 전쟁을 시작하여 유럽, 아프리카, 아시아에 걸쳐 대제국을 세웠어요.

# 이 책을 만든 사람들

글 설민석

우리나라 사람들이 가장 사랑하는 역사 선생님입니다. 머리에는 지식을, 가슴에는 교훈과 감동을 전하겠다는 일념으로 지난 20년간 한국사 대중화에 앞장섰습니다. 한국사는 지루하고 딱딱하다는 선입견을 깨고, 남녀노소 누구나 즐겁게 다가갈 수 있는 역사 콘텐츠를 만들기 위해 노력하고 있습니다. 그리고 이제, 〈설민석의 역사 고민 상담소〉 시리즈를 통해 새로운 역사 교육 방식을 제안합니다. 〈설민석의 역사 고민 상담소〉는 재미난 한국사 동화를 통해 어린이들의 말 못할 고민을 해결하는 동시에, 교과 과정에 입각한 필수 역사 지식을 습득할 수 있는 '신개념 에듀 스토리북'입니다.

지은 책으로는 〈설민석의 만만 한국사〉, 〈설민석의 한국사 대모험〉, 〈설민석의 세계사 대모험〉, 〈설민석의 통일 대모험〉, 〈설민석의 삼국지〉 시리즈 들이 있고, 《설민석의 무도 한국사 특강》, 《설민석의 조선왕조실록》 들이 있습니다.

글 서지원

한양대학교를 졸업하고 1989년 〈문학과 비평〉에 소설로 등단했습니다. 현재는 동화 작가와 논픽션 작가로 활동하고 있습니다. '책 읽는 서울 올해의 책', '원주 시민이 읽어야 할 올해의 책'에 선정되었고, '문화체육관광부 우수문학도서상', '환경부 우수환경도서상', '여성가족부 장관상' 등을 받았습니다. 지은 책으로는 《빨간 내복의 초능력자》, 《훈민정음 구출 작전》, 《4차산업 혁명과 미래 직업 이야기》 들이 있으며, 초등학교 수학 교과서를 집필했습니다.

그림 조병주

2007년부터 교양 만화를 그리기 시작하면서 세상에 작은 도움이 되는 그림을 그리려고 애쓰고 있습니다. 그린 책으로는 〈흔한남매 안 흔한 일기〉 시리즈, 《만화로 읽는 동양 철학 시리즈》, 《한발 먼저 알자! 알자!: 현대》, 《세상을 바꾼 큰 걸음: 넬슨 만델라》, 《브리태니커 만화 백과: 세계의 문학》 들이 있습니다.

감수 단꿈 연구소

국민의 바른 역사의식 함양을 위해 역사를 연구하고 공부하는 사람들이 모인 곳입니다. 설민석 선생님과 함께 인문, 역사, 어린이 등 다양한 분야의 콘텐츠를 만들고 있습니다.

정답

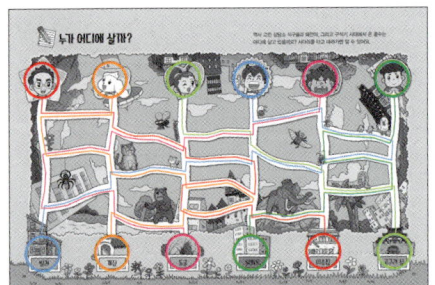

26~27쪽 누가 어디에 살까?
설쌤 – 이층집, 로빈 – 개집, 평강 – 고구려 성,
온달 – 빌라, 흥수 – 동굴, 해찬 – 아파트

32~33쪽 매머드를 잡아라!

42쪽 숨은 그림 찾기

56~57쪽 다실이의 행복한 미래

70~71쪽 사냥 도구를 골라 봐!

73쪽 미로 찾기

96~97쪽 내 선물을 받아 주시오!

110~111쪽 상담소 식구들을 구해라!
1. 청동기 시대 2. 비파형 동검 3. 세형 동검
4. 청동 거울 5. 민무늬 토기 6. 벼농사

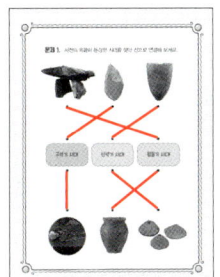

127~129쪽 한번에 정리해요

사진 출처

- 44 흥수 아이 유골(충북대학교박물관)
- 46 주먹 도끼·슴베찌르개·찍개·긁개(국립중앙박물관)
- 83 뼈바늘·가락바퀴·돌보습·그물추(국립중앙박물관), 낚싯바늘(문화재청)
- 85 빗살무늬 토기(국립중앙박물관), 울산 반구대 암각화(국립경주박물관)
- 125 탁자식 고인돌(문화재청)
- 127 민무늬 토기(국립중앙박물관)
- 131 단군왕검 영정(미래엔), 청동 거울·팔주령·명도전(국립중앙박물관)

《설민석의 역사 고민 상담소 1권》을 읽고,
책을 읽은 소감과 설쌤에게 털어놓고 싶은 고민을 적어 주세요.
많은 어린이들이 공감할 만한 고민이나 '나만의 엉뚱한' 고민은
2~5권과 유튜브 설쌤TV 에피소드의 소재로 선정됩니다.

응답 기간 ~2021년 2월 28일까지   **발표** 2021년 3월 중 당첨자에 한해 개별 안내
참여 방법 스마트폰으로 QR 코드를 스캔한 후, 설문지가 뜨면 문항에 답해 주세요.